Investissement immobilier en Belgique

Les clefs pour accéder à la richesse

1. <u>Introduction :</u>

I.   Objectif de ce guide

Bienvenue dans ce voyage à travers les méandres de l'immobilier en Belgique, une aventure qui promet non seulement de transformer votre compréhension de ce marché, mais aussi de vous doter des outils nécessaires pour y prospérer. Ce livre est conçu pour ceux qui, partis de rien ou presque, aspirent à construire un patrimoine immobilier solide et durable.

L'objectif principal de ce guide est de vous montrer comment, même sans capital initial important, vous pouvez faire vos premiers pas dans l'immobilier et graduellement bâtir votre empire. Vous découvrirez des stratégies concrètes, des astuces pratiques et des conseils d'experts qui vous permettront de naviguer avec succès dans le paysage immobilier belge.

Nous aborderons tout, des fondamentaux de l'épargne à l'art de la négociation immobilière, en passant par la compréhension des nuances de la fiscalité belge et les moyens de maximiser vos revenus pour investir. Ce livre s'adresse autant au débutant complet en matière d'immobilier qu'au professionnel cherchant à peaufiner ses stratégies d'investissement.

L'immobilier est souvent perçu comme un domaine réservé à ceux qui possèdent déjà des moyens considérables. Nous allons déconstruire cette idée reçue et vous montrer que l'immobilier en Belgique est accessible à tous ceux qui sont prêts à apprendre et à s'adapter. Que vous envisagiez d'acheter votre première maison ou de développer un portefeuille de propriétés locatives, les informations contenues dans ce livre vous donneront un avantage distinct.

Ensemble, nous explorerons comment transformer les défis en opportunités et les obstacles en tremplins vers le succès. De la sélection de la bonne propriété à la gestion efficace de vos biens, en passant par la création de revenus passifs et la diversification de vos investissements, ce livre est votre guide complet pour grandir dans le monde de l'immobilier en Belgique.

En tournant ces pages, vous vous engagez dans un parcours enrichissant, qui ne se limite pas à l'acquisition de biens immobiliers, mais englobe également votre croissance personnelle et financière. C'est un parcours qui demande patience, persévérance et une bonne dose d'ingéniosité, mais les récompenses peuvent être immenses et durables.

Bienvenue dans le premier chapitre de votre succès immobilier en Belgique. Préparez-vous à transformer vos rêves en réalité tangible.

II.   De Truffes en Tuiles :

Bonjour, je suis Julien. Commencer dans l'immobilier sans être né avec une cuillère en argent dans la bouche, c'est tout à fait possible. À 30 ans, j'étais aussi riche qu'une truffe au chocolat sous le soleil d'août : totalement fondu. Suite à ma séparation, je me suis installé chez mes parents, où, à défaut de payer un loyer, j'ai pu sérieusement commencer à économiser. J'ai scruté chaque dépense, évité les achats impulsifs et travaillé dur, mettant de côté chaque euro économisé pour atteindre mon objectif de 10 à 15 000 euros.

J'aurais pu viser une petite villa, avec son jardin où le chien aurait pu chasser les feuilles mortes, ou une maison quatre façades avec un barbecue et un coin pour un hamac. Mais j'ai préféré la prudence à l'ambition démesurée. J'ai misé sur une petite maison mitoyenne, un endroit qui avait besoin d'un bon coup de pinceau et d'amour pour devenir un foyer. Avec patience et un peu d'adresse acquise sur le tas, j'ai appris à bricoler, à innover et à réparer, transformant cette maison en un véritable chez-moi.

Une fois les travaux terminés, je n'ai pas pris de vacances mais ai plutôt fait venir un expert pour évaluer la maison. Je voulais savoir si mes efforts avaient une réelle valeur ajoutée. Et devinez quoi ? Ils en avaient. J'avais non seulement augmenté la valeur de ma maison, mais aussi mon capital confiance et satisfaction personnelle.

2. <u>Le marché immobilier en Belgique</u>

I. Comprendre le Marché Immobilier en Belgique

Contexte Général : Introduction au Marché Immobilier Belge

Bienvenue dans l'univers complexe et fascinant de l'immobilier belge, un marché aussi varié que les bières du pays. De l'historique Gand aux rues animées de Bruxelles, le marché immobilier belge attire une multitude d'investisseurs, grâce à sa stabilité et son potentiel de croissance.

La Belgique se distingue par sa résilience immobilière. Même face aux turbulences économiques, le marché a maintenu un cap de croissance stable, ce qui en fait un choix privilégié pour les investisseurs à la recherche de sécurité et de rendement. Cette constance est en partie due à la diversité économique de la Belgique, à son rôle central en Europe et à sa population cosmopolite, créant ainsi une demande constante de biens immobiliers.

Les investisseurs sont attirés non seulement par la stabilité du marché, mais aussi par la qualité de vie élevée en Belgique, ses infrastructures modernes et son riche héritage culturel. Que ce soit pour une résidence principale, un pied-à-terre ou un investissement locatif, le marché belge offre des opportunités variées, adaptées à tous les goûts et à tous les budgets.

Dans cette section, nous allons explorer les spécificités du marché immobilier belge, en mettant en lumière les tendances actuelles, les régions les plus attractives et la diversité des options disponibles. Que vous soyez un investisseur aguerri ou un novice dans l'immobilier, ce guide est votre boussole pour naviguer avec succès dans le paysage immobilier belge.

II.   Les spécificités régionales

Dans notre exploration approfondie du marché immobilier belge, nous allons également aborder les spécificités uniques des différentes régions de Belgique : la Wallonie, la Flandre et Bruxelles. Chacune de ces régions présente ses propres caractéristiques en termes de marché, de régulations et d'opportunités, reflétant la diversité et la richesse du paysage immobilier belge.

A. *Le Marché Immobilier à Bruxelles : Un Panorama Riche et Diversifié*

Au cœur de l'Europe, Bruxelles n'est pas seulement la capitale de la Belgique, mais aussi un épicentre culturel et politique vibrant. Cette ville, célèbre pour son mélange harmonieux de tradition et de modernité, se révèle également être un terrain de jeu fascinant pour les investisseurs immobiliers.

Le marché immobilier bruxellois se distingue par sa dynamique et sa diversité, attirant une population variée, des bureaucrates européens aux familles locales, en passant par les étudiants internationaux et les professionnels du monde entier. La demande de logements, en particulier dans le secteur locatif, est ainsi constamment alimentée, offrant des opportunités lucratives pour les investisseurs.

Cependant, investir à Bruxelles exige de naviguer dans un paysage immobilier complexe. La ville est parsemée de quartiers aux identités distinctes, chacun présentant des caractéristiques immobilières uniques. Des communes comme Ixelles et Saint-Gilles proposent des propriétés plus accessibles, tandis que des zones telles que Woluwe-Saint-Pierre et Uccle sont réputées pour leurs offres haut de gamme. Cette disparité offre une gamme variée d'options pour les investisseurs, qu'ils cherchent à attirer des locataires jeunes et dynamiques ou des familles en quête de tranquillité.

L'attractivité de Bruxelles pour les investisseurs ne se limite pas à sa diversité de biens immobiliers. La ville joue un rôle crucial en tant que centre de décision européen, ce qui crée une demande continue pour des logements de courte et moyenne durée. Des niches telles que la location meublée peuvent donc offrir des rendements locatifs intéressants.

Un Panorama Global de la Flandre

La Flandre, avec ses villes historiques telles qu'Anvers, Gand et Bruges, offre un paysage immobilier aussi riche et varié que son héritage culturel. Cette région flamande de la Belgique, connue pour son dynamisme économique et sa qualité de vie élevée, attire une variété d'acheteurs et d'investisseurs, des familles locales aux professionnels internationaux.

Caractéristiques du Marché en Flandre

Le marché immobilier en Flandre se distingue par sa robustesse et son innovation. Avec un fort accent sur le développement durable et des projets immobiliers avant-gardistes, la Flandre attire non seulement pour son patrimoine historique, mais aussi pour sa vision tournée vers l'avenir. Les prix varient considérablement d'une ville à l'autre, offrant des options pour toutes les bourses, des appartements urbains modernes aux maisons de campagne pittoresques.

Investissement et Opportunités

Investir en Flandre, c'est saisir l'opportunité de faire partie d'une économie en croissance et d'une société dynamique. La région offre un terrain fertile pour les investissements dans l'immobilier neuf, notamment grâce à des incitations pour les constructions écoénergétiques et les rénovations.

De plus, le marché locatif y est florissant, porté par une population étudiante importante et une communauté d'expatriés en expansion.

Les Différences Régionales

Chaque ville flamande a son propre caractère immobilier. Par exemple, Anvers, avec son port international et sa scène artistique florissante, attire un public jeune et dynamique, tandis que Bruges, avec ses canaux et son architecture médiévale, est prisée pour son charme historique. Gand, quant à elle, avec ses universités réputées, est un pôle d'attraction pour les étudiants et les académiques.

Défis et Considérations

Toutefois, investir en Flandre comporte aussi ses défis. La région connaît une réglementation immobilière stricte, avec des normes environnementales élevées à respecter. De plus, le marché peut être très compétitif, notamment dans les zones urbaines très demandées. Il est donc essentiel de bien comprendre les spécificités locales et les tendances du marché pour réussir son investissement.

Conclusion Partielle

Le marché immobilier en Flandre offre une combinaison unique d'opportunités historiques et modernes. Que vous soyez un investisseur à la recherche de biens locatifs ou un acheteur en quête de votre résidence principale, la Flandre a beaucoup à offrir. Dans les sections suivantes, nous explorerons plus en détail les différentes facettes de ce marché captivant, vous donnant les clés pour y naviguer avec succès.

C. *Le Marché Immobilier en Wallonie : Charme Rustique et Potentiel de Croissance*

Vue d'Ensemble de la Wallonie

La Wallonie, caractérisée par ses paysages verdoyants et ses villes historiques telles que Liège, Namur et Charleroi, offre un marché immobilier distinctif au sein de la Belgique. Cette région, marquée par son patrimoine culturel et sa tranquillité, attire ceux qui cherchent à échapper à l'agitation des grandes métropoles, tout en restant connectés aux opportunités économiques et culturelles.

Dynamiques du Marché Wallon

Le marché immobilier wallon est connu pour ses prix plus accessibles comparés à ceux de Bruxelles ou de la Flandre, ce qui en fait une destination attrayante pour les acheteurs et les investisseurs à la recherche de bonnes affaires. La Wallonie offre une vaste gamme de propriétés, allant de charmantes maisons de campagne à des appartements urbains, répondant ainsi à une variété de besoins et de préférences.

Investir en Wallonie

Investir en Wallonie, c'est parier sur une région en plein développement. Avec des initiatives gouvernementales visant à revitaliser les zones urbaines et à promouvoir le développement durable, la région présente un potentiel de croissance considérable. De plus, avec l'augmentation de la demande pour des logements à prix abordables, la Wallonie attire de plus en plus les investisseurs immobiliers et les promoteurs.

Les Particularités Régionales

Chaque ville wallonne a sa propre identité immobilière. Liège, avec son université et sa vie culturelle dynamique, attire les étudiants et les jeunes professionnels. Namur, capitale de la Wallonie, offre un mélange unique d'histoire et de modernité, idéal pour les familles et les professionnels. Charleroi, en pleine transformation, représente une opportunité pour les investisseurs visionnaires.

Challenges et Opportunités

Néanmoins, investir en Wallonie demande une compréhension de ses défis spécifiques. La région connaît des écarts importants en termes de développement économique et d'infrastructures entre les différentes zones, ce qui peut influencer la valeur immobilière. De plus, avec un marché moins dynamique que celui de Bruxelles ou de la Flandre, la sélection des biens et la stratégie d'investissement doivent être bien pensées.

Conclusion Partielle

Le marché immobilier wallon, avec son charme rustique et son potentiel inexploité, offre des opportunités uniques pour les acheteurs et les investisseurs. Dans les prochaines sections, nous plongerons plus profondément dans les spécificités de ce marché, explorant comment naviguer avec succès ses particularités et capitaliser sur ses opportunités.

3. <u>L'ABC de l'Épargne - Se Bâtir un Avoir pour Investir</u>

Comme pour toute construction digne de ce nom, le début de notre aventure commence avec la pose des fondations solides. Et dans le domaine de l'investissement immobilier, cette fondation n'est autre que l'épargne. Pensez-y comme à la préparation de la pâte pour vos gaufres belges dominicales ; sans les ingrédients de base, vos gaufres ne pourront jamais atteindre cette perfection dorée et croustillante. De la même manière, sans une base financière solide, les rêves immobiliers restent des châteaux en Espagne.

Épargner est un art, celui de résister aux plaisirs éphémères d'aujourd'hui pour bâtir la richesse de demain. Cela commence par observer avec un œil critique vos habitudes de consommation actuelles, et décider où et comment réduire les dépenses superflues. Contrairement à l'idée reçue qu'il est difficile de mettre de l'argent de côté, vous découvrirez que même les petits montants, lorsqu'ils sont économisés régulièrement, peuvent se transformer en un montant considérable au fil du temps.

Dans ce chapitre, je vous guiderai à travers les étapes pour comprendre pourquoi et comment épargner est crucial pour atteindre vos objectifs immobiliers. Vous apprendrez à définir un objectif d'épargne, à adopter des stratégies d'économie efficaces, et à maintenir un plan d'épargne qui transforme l'acte d'économiser en une habitude quotidienne enrichissante plutôt qu'en un lourd fardeau. Nous ne parlerons pas encore d'acheter des biens immobiliers ; pour l'instant, nous nous concentrons uniquement sur la création de votre capital initial.

Alors, que vous ayez déjà un petit pécule ou que vous partiez de zéro, sachez que chaque euro compte. Il s'agit de bâtir pas à pas un avenir plus sûr et, espérons-le, plus prospère. C'est avec cet esprit que nous posons la première pierre de notre édifice financier, en apprenant à épargner intelligemment et à préparer le terrain pour les investissements à venir.

I.   Faire le Bilan pour Mieux Bâtir

Bonjour, futurs bâtisseurs de fortune ! Premièrement, asseyons-nous avec une tasse de café (ou deux, selon la taille de votre tiroir à factures) et parlons objectifs. Rien de grandiose ne s'est jamais fait sans un but précis. Que ce soit une maison avec jardin pour jouer à cache-cache avec votre futur chien, ou une tirelire bien ronde pour des jours ensoleillés à la retraite, l'important est de savoir où vous voulez aller.

Une fois votre destination en tête, il est temps de faire le grand plongeon dans vos finances. Combien avez-vous en ce moment ? On compte tout, des pièces égarées sous le canapé jusqu'aux actions que grand-maman vous a léguées. On s'intéresse ensuite à vos entrées d'argent, parce que, oui, même le retour sur la bouteille de bière belge de la Saint-Sylvestre, ça compte.

Maintenant, la partie la moins glamour, mais oh combien éducative : les dépenses. C'est le moment de jouer au détective avec vos relevés bancaires. Pas de jugement ici, que vous ayez un penchant pour les abonnements de streaming ou les sandwiches de la boulangerie du coin, tout est bon à savoir.

En déduisant ce que vous devez de ce que vous possédez, vous obtiendrez une jolie (ou pas) somme appelée le "net worth". Peu importe si le chiffre n'est pas celui que vous espériez, rappelez-vous que la connaissance, c'est le pouvoir. Et dans notre quête du trésor immobilier, le pouvoir commence avec un bon vieux calcul.

II.   Optimiser ses revenus

Optimiser ses revenus est l'un des principaux piliers de la santé financière, surtout quand on vise des projets d'envergure comme l'investissement immobilier. Ce n'est pas simplement une question de travailler plus, mais de travailler mieux et plus intelligemment. En Belgique, où les opportunités sont aussi variées que les bières, il y a plusieurs manières de maximiser ses rentrées d'argent.

Pour certains, cela signifie négocier une augmentation de salaire après avoir démontré leur valeur à leur employeur. Pour d'autres, indépendants ou freelancers, il s'agit de trouver comment être plus productifs ou d'offrir des services plus rentables. Il y a aussi le terrain fertile des droits d'auteur, qui permet de monétiser ses créations originales – un domaine où l'ingéniosité et la passion peuvent se traduire par des revenus réels.

En parallèle, l'apprentissage et la maîtrise de nouvelles compétences ouvrent des portes vers des services à valeur ajoutée, tels que la production vidéo, qui peuvent remplir votre compte en banque tout en enrichissant votre vie professionnelle.

Dans ce chapitre, nous allons explorer ces avenues et bien d'autres, fournissant une carte pour naviguer dans le monde de l'optimisation des revenus avec des conseils pratiques et des stratégies testées pour booster votre épargne et financer vos ambitions.

III.   Négociations salariales pour les employés

Parlons d'argent et de comment en obtenir plus de votre 9 à 5. La négociation salariale est comme une bière bien brassée : il faut choisir les bons ingrédients et attendre le bon moment pour la savourer. En Belgique, comme ailleurs, une bonne préparation est la clé d'une négociation réussie.

A. *Préparer sa négociation*

Avant de frapper à la porte du bureau de votre patron, faites vos devoirs. Comme un détective à la recherche d'indices, rassemblez des preuves de vos réalisations, des données sur les salaires moyens dans votre domaine, et soyez prêt à montrer comment vous ajoutez de la valeur à l'entreprise.

B. *Recherche et Argumentation*

Equipez-vous d'arguments solides. Ce n'est pas juste une question de vouloir plus d'argent pour acheter des frites à volonté; il s'agit de démontrer que votre contribution mérite une récompense. Utilisez des faits et des chiffres précis pour appuyer vos prétentions. C'est un peu comme comparer les différentes variétés de chocolat belge pour prouver pourquoi la vôtre est la meilleure du lot.

C. *Le Timing*

Le timing, c'est tout un art. Il faut saisir le bon moment – par exemple, après le succès d'un projet important ou lors d'une évaluation annuelle. Comme pour la préparation d'une gaufre parfaite, le timing peut faire la différence entre un résultat satisfaisant et une opportunité ratée.

En suivant ces étapes, vous serez prêt à mener une négociation salariale qui, espérons-le, se terminera par un "santé!" autour d'un verre avec vos collègues pour célébrer votre succès.

La négociation salariale est un art délicat qui requiert tact et stratégie. Voici quelques techniques pour négocier comme un pro, et les pièges à éviter pour ne pas gâcher vos chances.

Techniques de Négociation

- **Commencer par le haut:** Demandez un peu plus que ce que vous souhaitez réellement, ce qui vous donne une marge de manœuvre pour les concessions.

- **Justifier votre demande:** Soyez prêt à expliquer pourquoi vous méritez cette augmentation. Ayez une liste de vos contributions récentes, des compétences uniques que vous apportez à l'équipe, et tout changement dans vos responsabilités.

- **Pratiquer l'écoute active:** Comprenez les besoins de votre employeur et démontrez comment l'augmentation peut aussi être bénéfique pour l'entreprise.

- **Construire une relation:** Les négociations ne sont pas juste un échange de chiffres mais aussi de la confiance. Montrez votre engagement envers l'entreprise et votre désir de contribuer à son succès.

Erreurs à Éviter

- o **Ne pas se préparer:** Aller dans une négociation sans recherche et préparation est comme entrer dans un match de football sans connaître les règles.

- o **Être trop émotionnel:** Gardez une attitude professionnelle. Laissez les sentiments de côté et concentrez-vous sur les faits.

- o **Parler en premier de l'argent:** Discutez d'abord de votre performance et de la valeur ajoutée avant de parler de chiffres.

- o **Ne pas être prêt à marchander:** Soyez prêt à discuter et à trouver un terrain d'entente, plutôt que de donner un ultimatum.

- o **Ignorer le timing:** Demander une augmentation pendant une période de baisse des revenus de l'entreprise ou après une mauvaise performance est peu judicieux.

- o **Oublier le plan B:** Ayez toujours une alternative en tête si la négociation ne se passe pas comme prévu. Cela pourrait inclure des avantages non monétaires ou un plan pour une future réévaluation salariale.

Avec ces techniques et précautions en tête, vous pourrez aborder votre négociation de manière confiante et professionnelle, et augmenter vos chances d'obtenir le salaire que vous visez.

IV. Productivité pour les Indépendants

A. *Augmenter l'efficacité au travail*

La vie d'indépendant en Belgique, c'est un peu comme jongler avec une douzaine de balles en même temps : il faut rester concentré, agile et toujours prêt à attraper la balle suivante. Mais comment fait-on pour ne pas perdre le fil et augmenter sa productité ? Voici quelques stratégies éprouvées.

Organisation et Gestion du Temps

La productivité commence par une organisation béton. Utiliser des outils de gestion de projet comme Trello ou Asana peut vous aider à garder une vue d'ensemble sur vos multiples tâches et à prioriser celles qui rapportent le plus. Comme une bonne bière belge, une journée de travail bien organisée est savourée jusqu'à la dernière goutte.

Automatisation des Tâches Répétitives

Si vous faites quelque chose plus de trois fois, automatisez-le. Que ce soit la facturation, les e-mails de suivi ou la publication sur les réseaux sociaux, il y a des outils pour ça. L'automatisation, c'est un peu comme régler une machine à fabriquer des gaufres : une fois que c'est en place, vous pouvez vous concentrer sur la création de nouvelles recettes.

Délimitation des Espaces de Travail

Votre environnement a un impact immense sur votre efficacité. Que vous ayez un bureau avec vue sur l'Atomium ou un coin tranquille de votre salon, assurez-vous qu'il soit propice à la concentration et à la créativité. Un espace dédié au travail signale à votre cerveau qu'il est temps de se mettre en mode "production".

Fixer des Objectifs SMART

Les objectifs SMART (Spécifiques, Mesurables, Atteignables, Réalistes, Temporellement définis) sont comme des GPS pour votre travail. Ils vous guident vers la destination souhaitée sans vous laisser prendre des détours inutiles. Définissez ce que vous voulez atteindre et par quels moyens, avec un plan de route clair.

Maitriser l'Art de la Délégation

Même les super-héros ont besoin d'une équipe. Si vous pouvez sous-traiter certaines tâches, faites-le. Cela libère votre temps pour les aspects de votre travail qui nécessitent vraiment votre touche magique – et qui sont souvent plus rentables.

Pause et Recréation

La Belgique est connue pour sa détente tout autant que pour son travail acharné. Prendre des pauses régulières, c'est comme laisser reposer la pâte à gaufres : cela permet de mieux lever et de revenir au travail avec une nouvelle énergie.

En adoptant ces stratégies, vous pourriez non seulement augmenter votre productivité mais également améliorer la qualité de votre travail et votre satisfaction personnelle. Après tout, être indépendant est l'un des plus beaux défis professionnels, à condition de jouer ses cartes avec intelligence.

B. *Booster sa Productivité: Les Meilleurs Outils Numériques pour les Indépendants*

Dans le tourbillon effréné de la vie d'indépendant, maîtriser l'art de la productivité n'est pas juste un luxe, c'est une nécessité. Comme le chef d'orchestre d'une symphonie complexe, vous devez harmoniser les instruments de votre entreprise pour que chaque note résonne avec précision et efficacité. Heureusement, à l'ère du numérique, une multitude d'outils sont à votre disposition pour vous aider à optimiser chaque minute de votre journée de travail.

Dans cette section, nous allons explorer la boîte à outils numérique de l'indépendant moderne. De la gestion de projet à la comptabilité, en passant par la communication et la sécurité des données, vous découvrirez comment les technologies peuvent simplifier, accélérer et améliorer votre flux de travail. Que vous soyez un graphiste freelance jonglant avec plusieurs clients ou un consultant en stratégie cherchant à maximiser votre productivité, ces outils sont les alliés dont vous avez besoin pour prendre une longueur d'avance.

Préparez-vous à transformer votre manière de travailler avec les meilleures recommandations d'outils numériques, soigneusement sélectionnées pour booster votre efficacité et vous permettre de prospérer dans le monde indépendant.

Outils de Gestion de Projet

Les plateformes comme Trello, Asana, ou Monday.com permettent de créer des tableaux de projets, d'assigner des tâches, de suivre les progrès et de respecter les échéances. Ils sont visuels, intuitifs et rendent la collaboration avec d'autres freelancers ou clients transparents.

Outils de Planification

Des applications comme Google Calendar ou Outlook sont inestimables pour gérer votre emploi du temps. Ils permettent de bloquer des plages horaires pour le travail concentré, les réunions, et les appels, assurant que vous répartissez efficacement votre temps entre projets et clients.

Automatisation des Tâches

Zapier et IFTTT sont des exemples de services qui automatisent les tâches entre différents applications et services web. Ces outils peuvent vous faire gagner des heures en automatisant des processus comme le transfert de pièces jointes d'email vers des services de stockage en nuage ou la publication croisée de contenu sur plusieurs plateformes de médias sociaux.

Outils de Suivi du Temps

Pour les indépendants facturant à l'heure, des outils comme Toggl ou Harvest peuvent suivre le temps passé sur chaque projet. Cela vous aide à facturer avec précision et à analyser votre productivité réelle, vous permettant d'ajuster vos tarifs ou votre gestion du temps si nécessaire.

Logiciels de Comptabilité

Des logiciels comme QuickBooks ou FreshBooks sont conçus pour les petites entreprises et les indépendants. Ils simplifient la facturation, le suivi des dépenses et la gestion de la trésorerie, ce qui est crucial pour maintenir une bonne santé financière.

Intelligence Artificielle (IA)

L'IA peut être un allié précieux pour les tâches répétitives ou pour analyser de grandes quantités de données. Par exemple, des outils comme Grammarly utilisent l'IA pour corriger l'orthographe et la grammaire, ce qui peut améliorer la qualité des écrits sans perdre de temps en relecture.

Communication et Collaboration

Slack et Microsoft Teams sont des plateformes qui facilitent la communication avec les clients et les autres freelancers. Ils permettent d'échanger des informations rapidement et de manière organisée sans la surcharge d'email.

Stockage et Partage de Fichiers

Dropbox, Google Drive et OneDrive offrent des solutions pour stocker vos fichiers dans le cloud, en les rendant accessibles partout et à tout moment, favorisant ainsi une flexibilité et une mobilité professionnelles.

Sécurité et Sauvegarde

Avec l'augmentation des cyberattaques, utiliser des outils fiables pour la sécurité de vos données est non-négociable. Des solutions comme Bitdefender ou Norton offrent des protections robustes tandis que des services comme Backblaze assurent une sauvegarde automatique de vos données.

En intégrant ces outils dans votre routine quotidienne, vous pouvez réduire significativement le temps consacré aux tâches administratives et vous concentrer sur ce que vous faites le mieux : développer votre entreprise et servir vos clients.

V.   Création de Revenus Passifs à travers les Droits d'Auteur

Imaginez un monde où chaque doodle que vous gribouillez, chaque mélodie que vous sifflez sous la douche et chaque photo de votre chat aux expressions humaines pourrait vous rapporter de l'argent. Bienvenue dans l'univers des droits d'auteur en ligne, où tout ce qui sort de votre tête peut potentiellement devenir une petite mine d'or numérique.

Pourquoi créer du contenu, vous demandez-vous ?

Eh bien, à part l'évidente satisfaction de partager votre génie créatif avec le monde, chaque création est une possibilité de plus de vous ouvrir les portes de la banque... sans avoir à mettre un costume et une cravate. C'est le rêve, non? Vous produisez quelque chose une fois – une vidéo de "comment tricoter un bonnet pour votre iguane" ou "10 façons de faire un nœud de cravate" – et vous asseyez ensuite confortablement en regardant les chiffres de votre compte en banque grimper. C'est comme si votre créativité était une vache à lait qui ne demande qu'à être traite.

Le Virtuel a de la Valeur

Tout ce que vous balancez sur la toile peut coller et se transformer en euros. Chaque blog, chaque design, chaque clip que vous enfilez dans le grand pull de l'internet peut se révéler payant. L'idée ici n'est pas de vous transformer en

machine à cash sans âme, mais de reconnaître le potentiel
de pérennisation de votre travail acharné et de votre
talent.

C'est Quoi le Deal avec les Droits d'Auteur?

Les droits d'auteur, c'est un peu la baguette magique qui
transforme votre création en propriété exclusive. Ça veut
dire que si quelqu'un veut utiliser votre travail, il doit
d'abord passer par la case départ (c'est-à-dire votre
permission) et souvent, par la case banque (c'est-à-dire
votre poche). En Belgique, la loi est sympa avec les auteurs;
elle a compris que le cerveau d'un créatif, c'est précieux, et
elle permet de garder les mains des profiteurs loin de votre
tarte aux fraises digitale.

Le But Ultime: Le Revenu Passif

L'objectif, c'est de faire fructifier vos créations sans que
vous ayez à lever le petit doigt. Imaginez que vous puissiez
gagner de l'argent pendant que vous êtes en train de
découvrir la meilleure friterie de Bruxelles ou que vous êtes
en vacances à la côte. C'est ça, le revenu passif : une façon
de gagner sa vie qui ne dépend pas du nombre d'heures
que vous êtes prêt à vendre à votre bureau.

En somme, l'essence des droits d'auteur en ligne, c'est de
transformer votre énergie créative en une source de
revenus qui continue de couler, même quand vous êtes en
mode pause. Alors, créez, partagez, et protégez vos
œuvres pour que chaque vue, clic ou écoute remplisse
votre marmite à spéculoos. C'est ça, la magie de la création
de contenu en ligne !

VI.   Diversification des Revenus: Identifier et créer de nouvelles sources de revenus

Quand il s'agit de finances, mettre tous ses œufs dans le même panier n'a jamais été une bonne stratégie. C'est un peu comme manger des frites tous les jours – délicieux, certes, mais pas super pour la santé. La diversification des revenus est l'équivalent financier d'une alimentation équilibrée; elle vous permet de répartir le risque et de vous assurer que si une source de revenu se tarit, vous avez d'autres flux pour maintenir votre économie personnelle bien juteuse.

L'Ingéniosité dans la Diversification

Soyons honnêtes: il faut être ingénieux pour dénicher de nouvelles sources de revenus. Cela demande de l'observation pour repérer les problèmes communs qui n'ont pas encore été résolus. Vous savez, être cette personne qui dit "Et si on pouvait..." suivi d'une idée qui fait que tout le monde se demande pourquoi personne n'y a pensé avant.

Par exemple, disons que vous êtes doué pour organiser des espaces. Les gens pourraient payer pour cela, non? Bien sûr! Mais attendez, ne vous arrêtez pas là. Pourquoi ne pas créer un e-book sur l'organisation ou démarrer une chaîne YouTube avec des conseils d'organisation et de design? Ou encore développer une application qui aide les gens à planifier leurs espaces de vie? L'idée est de prendre une compétence ou une passion et de la tourner en plusieurs formes de revenus.

Chercher des Solutions, Pas Juste des Revenus

La clé de la diversification n'est pas seulement de chercher de l'argent, mais de chercher à résoudre des problèmes. Les solutions attirent l'argent comme un bon chocolat belge attire les foules. Pensez aux défis que vous rencontrez dans votre vie quotidienne ou que vous avez entendus par vos amis et votre famille. Chaque défi est une opportunité de créer une solution qui peut être monétisée.

L'Importance de la Diversification des Revenus

Pourquoi est-il si crucial de diversifier? Parce que l'économie, comme la météo en Belgique, peut être imprévisible. Vous pourriez avoir un super boulot maintenant, mais que se passe-t-il si l'industrie ralentit ou si votre entreprise doit faire des coupes? Si vous avez d'autres sources de revenus, vous pourrez mieux résister aux tempêtes financières.

Comment Diversifier vos Revenus

Investissements: L'investissement est une forme traditionnelle de diversification de revenus. Que ce soit dans l'immobilier, les actions, les obligations, ou même les cryptomonnaies, chaque investissement peut ajouter une couche de sécurité à votre portefeuille financier.

Side Hustles: Les projets annexes sont une excellente façon de tester des idées et de construire une nouvelle source de revenus. Que vous commenciez à vendre des objets artisanaux en ligne ou que vous proposiez des services de consultation, chaque side hustle vous rapproche d'une plus grande stabilité financière.

Passions en Profits: Transformez vos hobbies en sources de revenus. Si vous aimez la photographie, envisagez de vendre vos photos en ligne ou de travailler comme photographe freelance les week-ends.

Éducation et Formation: Proposez des cours en ligne ou des ateliers dans votre domaine d'expertise. Avec les plateformes d'apprentissage en ligne, partager votre savoir-faire n'a jamais été aussi facile.

Innovations Technologiques: Avec l'émergence de nouvelles technologies, soyez à l'affût des tendances. Les compétences en développement de logiciel, en intelligence artificielle ou en analyse de données sont hautement monétisables.

Création de Contenu: Le contenu est roi dans l'ère numérique. Créez des blogs, des podcasts, des vidéos, ou des cours pour construire une audience et générer des revenus à travers la publicité, les abonnements, ou les sponsorisations.

Conclusion

Diversifier vos revenus est un processus dynamique et continu qui nécessite créativité, persévérance et une bonne dose de flair commercial. Dans les sections suivantes, nous approfondirons chacune de ces stratégies pour vous aider à bâtir un empire financier polyvalent et robuste.

VII. Monétisation de ses Compétences: De l'Apprentissage à l'Entrepreneuriat

Dans un monde où chaque compétence peut être une source de revenu, apprendre à transformer vos talents et vos passions en argent est une compétence en soi. Imaginons un instant que vous êtes dans votre cuisine, en train de faire des cupcakes. Vos amis adorent vos créations et vous encouragent à les vendre. Voilà déjà un talent potentiellement monétisable. Mais comment passer de la distribution gratuite à la pâtisserie lucrative? C'est là que la monétisation de compétences entre en jeu.

Prenons un exemple concret. Vous êtes doué pour la photographie. Vous capturez des moments, des paysages, des sourires, et les transformez en art visuel. Les gens aiment votre travail et vous demandent des conseils, des cours ou même des shootings photo. Pourquoi ne pas offrir des ateliers payants ou créer un cours en ligne sur la photographie ? C'est l'essence même de la monétisation des compétences : reconnaître la valeur de ce que vous savez faire et le partager avec ceux prêts à payer pour cette connaissance.

Le freelancing est une autre avenue fantastique pour monétiser vos compétences. Disons que vous maîtrisez l'art de la rédaction ou du développement web. Il existe des plateformes entières dédiées à connecter vos talents avec des clients en besoin. Et le meilleur ? Vous pouvez travailler en pyjama, du confort de votre canapé, avec une tasse de café à portée de main – le rêve de tout indépendant.

Mais vendre sa compétence ne se limite pas à l'échange de services. Créer du contenu est l'une des méthodes les plus scalables pour générer des revenus passifs. Un ebook sur "Les 100 erreurs à ne pas faire en photographie" ou "Comment éduquer votre chien en 10 étapes simples" peut devenir une source de revenus récurrents, vendu à des centaines, voire des milliers de clients sans effort supplémentaire après sa création.

Alors, quelle est la clé pour ouvrir les portes de la monétisation ? La valeur ajoutée. C'est ce petit plus que vous fournissez qui transforme un service standard en une expérience exceptionnelle pour vos clients. Cela signifie personnaliser vos offres, donner des conseils basés sur des expériences vécues, et peut-être même ajouter une touche d'humour – parce que, soyons réels, qui n'aime pas apprendre en s'amusant ?

En fin de compte, vendre vos compétences, c'est un peu comme faire une mayonnaise maison : il faut trouver les bons ingrédients, les mélanger avec soin, et parfois recommencer jusqu'à obtenir la consistance parfaite. Une fois que vous avez trouvé la recette qui plaît à vos clients, les possibilités sont aussi vastes que les variétés de bières en Belgique.

La monétisation des compétences n'est pas seulement une stratégie financière ; c'est un voyage personnel de développement et d'exploration. C'est découvrir ce que vous aimez faire, ce que vous faites bien, et comment cela peut ajouter de la beauté, de la facilité, ou de la joie dans la vie des autres – tout en remplissant votre propre tirelire.

VIII. L'Importance de la Planification Fiscale en Belgique

La planification fiscale en Belgique, c'est un peu comme préparer une délicieuse gaufre liégeoise : chaque étape, chaque ingrédient compte pour contribuer à la perfection finale. Tout comme une gaufre demande le bon équilibre de sucre et de levure, la gestion de vos finances nécessite une compréhension équilibrée des lois fiscales pour optimiser votre pâte fiscale et éviter les mauvaises surprises.

Imaginez que vous êtes un chef d'entreprise ou un freelance dans le royaume de la bière et du chocolat. Vous avez travaillé dur pour établir votre activité, et maintenant, il est temps de récolter les fruits de votre labeur. C'est ici que la fiscalité entre en scène, avec ses déductions, ses crédits d'impôt et ses exemptions. C'est un domaine complexe, certes, mais avec de grands enjeux.

Faire appel à un expert fiscal, c'est un peu comme consulter un sommelier pour choisir le meilleur vin pour votre plat.

 Vous ne voudriez pas gâcher un bon repas avec un vin médiocre, n'est-ce pas ? De même, pourquoi laisser les complexités fiscales éroder vos profits ? Un conseiller peut vous aider à comprendre quelles dépenses sont déductibles, comment les amortissements fonctionnent et quand payer vos taxes pour profiter de la législation fiscale avantageuse de la Belgique.

Prenons l'exemple d'un développeur de logiciels indépendant. Avec l'aide d'un expert, il pourrait découvrir que ses investissements dans du nouveau matériel ou des formations peuvent réduire son revenu imposable. Ou considérez un artiste qui vend ses œuvres en ligne ; il pourrait bénéficier de réductions pour son atelier à domicile ou pour les frais de matériel. Chaque décision, de l'achat de matériel à la sélection de ses investissements, peut influencer son bilan fiscal.

La fiscalité n'est pas seulement un mal nécessaire ; elle peut être un levier pour accroître votre patrimoine. En Belgique, certains revenus de droits d'auteur bénéficient d'une fiscalité réduite, ce qui peut transformer une passion en un flux de revenus très rentable. La clé est de s'assurer que vous captez chaque opportunité fiscale, tout comme vous saisiriez chaque occasion de savourer une truffe au chocolat fondante.

Et l'art de la déduction ?

C'est un domaine où la finesse belge en matière de fiscalité brille vraiment. Imaginez que vous soyez un consultant en marketing digital ; les dépenses allant des logiciels aux abonnements en ligne, en passant par le marketing de votre propre entreprise, pourraient être éligibles à des déductions. Savoir ce qui peut être déduit et comment est essentiel pour garder vos finances aussi en forme que les cyclistes belges dans le Tour de France.

En conclusion, que vous soyez le propriétaire d'une start-up en plein essor ou un artisan habile de vos mains, prendre le temps de comprendre et de planifier votre fiscalité peut aboutir à des économies substantielles. C'est comme investir dans une bonne paire de chaussures de marche pour une promenade à travers les Ardennes : cela demande une dépense initiale, mais le confort et les économies à long terme en valent la peine. Alors, ne laissez pas la fiscalité vous effrayer ; embrassez-la, planifiez-la et regardez votre entreprise prospérer sous le ciel gris-bleu de la Belgique.

4. <u>Utilisation du levier du crédit</u>

I. Types de Crédits Disponibles en Belgique et Leurs Particularités

A. *Introduction au Crédit Immobilier en Belgique*

Lorsque vous vous lancez dans l'achat d'un bien immobilier en Belgique, comprendre les différentes options de crédit immobilier disponibles est essentiel. Le marché belge offre plusieurs types de crédits, chacun avec ses propres spécificités, avantages et inconvénients. Cette section a pour but de vous guider à travers le labyrinthe des crédits immobiliers en Belgique, en vous aidant à faire le choix le plus adapté à votre situation et à vos objectifs immobiliers.

B. *Types de Crédits Immobiliers en Belgique*

Le Crédit Hypothécaire Classique :

C'est le type de crédit le plus courant en Belgique. Il permet de financer l'achat d'une maison ou d'un appartement et est généralement remboursé sur une période de 15 à 25 ans.

Les taux d'intérêt peuvent être fixes, variables ou semi-variables, offrant ainsi une certaine flexibilité en fonction de la conjoncture économique et de votre situation personnelle.

Le Crédit-Bail Immobilier :

Moins courant, le crédit-bail immobilier est souvent utilisé par les entreprises pour financer l'acquisition de locaux commerciaux ou de bureaux.

Ce type de crédit permet de louer le bien pendant une période déterminée, avec l'option d'acheter la propriété à la fin du contrat à un prix prédéfini.

Le Prêt à Tempérament :

Il s'agit d'un prêt personnel qui peut être utilisé pour des rénovations ou l'achat de biens immobiliers, sans nécessiter une garantie hypothécaire.

Bien que plus flexible, ce type de prêt a généralement un taux d'intérêt plus élevé en raison du risque accru pour le prêteur.

C. _Les Particularités du Marché Belge_

En Belgique, il est courant de négocier les conditions du crédit immobilier, y compris le taux d'intérêt, les frais de dossier et les pénalités de remboursement anticipé.

Il existe également des aides et des subventions gouvernementales, notamment pour les primo-accédants ou pour l'achat de propriétés écoénergétiques.

Conseils pour Choisir le Bon Crédit

Évaluez soigneusement votre situation financière et vos besoins avant de choisir un type de crédit. Prenez en compte votre capacité de remboursement, votre plan de vie à long terme et les conditions actuelles du marché.

Il est conseillé de consulter un conseiller financier ou un courtier en crédits pour comparer les différentes offres et trouver le prêt le plus adapté à vos besoins.

D. *Conclusion Partielle*

Le crédit immobilier est un élément clé de votre projet immobilier en Belgique. Bien le choisir, c'est assurer la solidité de votre investissement et la tranquillité de votre avenir financier. Dans les sections suivantes, nous explorerons plus en détail chaque type de crédit, leurs avantages et inconvénients, ainsi que les stratégies pour négocier les meilleures conditions possibles.

II. Partenariats et autres stratégies de financement créatif :

Partenariats et Autres Stratégies de Financement Créatif

Explorer des Alternatives au Financement Traditionnel en Immobilier

Quand il s'agit de financer un projet immobilier, sortir des sentiers battus peut souvent mener à des opportunités inattendues et lucratives. Dans cette section, nous allons explorer les diverses stratégies de financement créatif qui s'offrent à vous en Belgique, en dehors des méthodes conventionnelles de prêt bancaire.

A. *Les Partenariats en Immobilier*

Un partenariat immobilier est une collaboration entre deux parties ou plus qui mettent en commun leurs ressources pour investir dans un projet immobilier. Ce modèle peut prendre différentes formes :

Partenariats entre Investisseurs : Deux ou plusieurs investisseurs s'associent pour acheter un bien immobilier, partageant les coûts et les bénéfices selon des termes convenus.

Partenariats avec des Développeurs : Les investisseurs fournissent des capitaux pour un projet de développement en échange d'une part des profits une fois le projet achevé.

B. *Le Crowdfunding Immobilier*

Le crowdfunding immobilier permet à un grand nombre d'investisseurs de financer ensemble un projet immobilier, souvent via une plateforme en ligne. C'est une excellente manière de participer à des projets d'envergure avec un investissement initial relativement modeste.

C. _Le Leaseback Immobilier_

Le leaseback est une transaction où le propriétaire vend un bien immobilier et le reprend immédiatement en location. Cette stratégie est souvent utilisée par les entreprises qui cherchent à libérer des capitaux immobilisés dans l'immobilier.

D. _Les Financements Alternatifs_

Prêts Privés : Emprunter de l'argent à des investisseurs privés plutôt qu'à des banques peut offrir plus de flexibilité en termes de conditions de prêt.

Prêts Mezzanine : Un type de financement par dette qui combine la dette et l'équité, souvent utilisé pour financer l'expansion des entreprises ou des projets de développement.

E. _L'Utilisation de l'Effet de Levier_

L'utilisation intelligente de l'effet de levier, c'est-à-dire emprunter pour augmenter le potentiel de rendement d'un investissement, peut-être une stratégie puissante en immobilier. Cela implique cependant une compréhension approfondie des risques associés.

Ces stratégies de financement créatif offrent des alternatives intéressantes au financement traditionnel, permettant aux investisseurs de diversifier leurs approches et de maximiser leurs opportunités dans le secteur immobilier. Toutefois, il est crucial de bien comprendre les mécanismes, les risques et les avantages de chaque option avant de s'engager. La suite de cette section détaillera chacune de ces stratégies, vous fournissant les connaissances et les outils nécessaires pour naviguer dans le monde complexe du financement immobilier créatif.

III. Conseils pour l'obtention d'un Crédit Immobilier en Belgique

Lorsque vous entreprenez la démarche pour obtenir un crédit immobilier en Belgique, pensez à cela comme à préparer un plat délicieux pour un grand chef : chaque détail compte et chaque élément de votre présentation doit être soigneusement pensé et exécuté. La clé réside dans une préparation méticuleuse et une stratégie bien élaborée.

Commencez par polir votre situation financière. Assurez-vous que vos comptes bancaires reflètent une image positive, exempte de découverts et de dettes inutiles. C'est un peu comme nettoyer et ranger votre maison avant une grande réception : vous voulez montrer le meilleur de vous-même. Cette étape est cruciale car elle démontre aux prêteurs que vous êtes un gestionnaire d'argent responsable et fiable, un vrai bon père de famille dans le domaine financier.

Ensuite, mettez en avant votre épargne. Cela prouve non seulement votre capacité à mettre de l'argent de côté mais aussi votre engagement sérieux envers votre projet immobilier. C'est comme arriver à un rendez-vous important en tenue impeccable : cela montre votre sérieux et votre implication.

Vos revenus doivent également être suffisants et stables. Si vous avez déjà des biens immobiliers, faites-les évaluer pour renforcer votre dossier. C'est un peu comme apporter des références solides lors d'une négociation importante. Cela prouve que vous avez déjà une expérience réussie dans le domaine et que vous êtes capable de gérer d'autres investissements.

Arriver avec un plan financier détaillé est également crucial. Ce plan doit illustrer votre compréhension approfondie du projet immobilier que vous envisagez, y compris les coûts, les bénéfices potentiels et la stratégie de gestion. C'est comme présenter un projet bien ficelé à un investisseur : vous devez montrer que vous avez pensé à tout et que vous êtes prêt à mettre votre plan en action.

N'oubliez pas non plus que votre motivation et votre passion pour le projet peuvent jouer un rôle significatif.

Votre enthousiasme peut être contagieux et convaincre les prêteurs que vous êtes déterminé à faire de ce projet un succès.

Pour renforcer davantage votre dossier, assurez-vous d'avoir un historique de crédit solide. Payez vos factures à temps et évitez les découverts. Une carrière stable et une progression professionnelle sont également des atouts majeurs, car ils démontrent votre capacité à maintenir un flux de revenus constant.

Considérez aussi la possibilité d'un cofinancement ou d'un co-emprunteur. Cela peut non seulement augmenter le montant que vous pouvez emprunter, mais aussi rassurer la banque sur votre capacité à rembourser le prêt.

En combinant tous ces éléments, vous préparez un dossier de demande de crédit qui non seulement met en valeur votre fiabilité financière, mais démontre également votre engagement et votre compréhension du projet immobilier. C'est une approche globale qui augmente considérablement vos chances d'obtenir le financement souhaité pour votre projet immobilier en Belgique.

5. <u>Monde Fiscal de l'Immobilier Belge</u>

Bienvenue dans le dédale complexe mais essentiel des taxes et lois régissant l'immobilier en Belgique. Si aborder cette matière peut sembler aussi ardu que de maîtriser la recette d'une parfaite carbonnade flamande, ne vous inquiétez pas : nous sommes là pour transformer ce qui semble être un casse-tête en une promenade éclairante et enrichissante.

Dans cette section, nous allons décortiquer les aspects juridiques et fiscaux de l'immobilier belge, en les rendant aussi accessibles et digestes qu'une bonne gaufre de Liège. Que vous soyez un investisseur aguerri ou un acheteur pour la première fois, une compréhension claire des taxes et des lois est cruciale pour sécuriser votre investissement et maximiser vos bénéfices.

Nous aborderons tout, des subtilités des droits d'enregistrement aux mystères de la TVA immobilière, en passant par les nuances des lois sur la location. Cette exploration vous équipera des connaissances nécessaires pour naviguer avec assurance dans le paysage immobilier belge, en évitant les pièges fiscaux et en profitant au mieux des avantages disponibles.

Alors, asseyez-vous confortablement, préparez votre tasse de café belge, et préparez-vous à plonger dans le monde fascinant des taxes et des lois immobilières de la Belgique.

I. Droits d'Enregistrement en Belgique :

Bien sûr, plongeons dans le monde parfois compliqué, mais ô combien important, des droits d'enregistrement en Belgique, en mode sympa et simple.

Imaginez que vous achetez une nouvelle maison en Belgique. C'est un peu comme acheter une délicieuse boîte de pralines belges : en plus du prix affiché, il y a une petite surcharge - les droits d'enregistrement. Ce sont des frais que vous payez au gouvernement pour "enregistrer" officiellement le changement de propriétaire du bien. C'est un peu comme obtenir un reçu pour prouver que vous êtes maintenant le propriétaire légitime de votre nouvelle demeure.

Maintenant, la particularité en Belgique, c'est que ces droits d'enregistrement varient en fonction de la région où se situe votre bien immobilier. Vous avez trois régions principales : la Flandre, la Wallonie et la région de Bruxelles-Capitale, et chacune a ses propres règles.

En **Flandre**, par exemple, ils ont récemment simplifié les choses. Si vous achetez votre unique résidence principale, vous paierez généralement un taux de 6 %. Mais attention, si vous achetez une propriété supplémentaire, le taux grimpe à 10 %. C'est un peu comme commander une deuxième bière dans un bar : la première est à prix d'ami, mais la suivante coûte un peu plus cher.

En **Wallonie**, c'est un peu différent. Si vous achetez votre première maison et que vous y habitez pendant cinq ans, vous pouvez bénéficier d'un taux réduit de 6 %. Sinon, le taux normal est de 12,5 %. C'est comme obtenir un rabais pour être un client fidèle.

À **Bruxelles**, si vous achetez votre première maison et que le prix d'achat est inférieur à un certain seuil, vous pouvez bénéficier d'un abattement (une sorte de réduction) sur les droits d'enregistrement. Le taux normal ici est aussi de 12,5 %, un peu comme en Wallonie.

Mais attention, ces pourcentages ne sont que la pointe de l'iceberg. Il y a toute une série de conditions et de petits caractères à prendre en compte, comme la superficie de la propriété, votre situation familiale, et même vos projets de rénovation.

En résumé, les droits d'enregistrement en Belgique, c'est un peu comme une recette de cuisine régionale : chaque région a sa propre façon de faire les choses, mais le résultat final est toujours délicieux (ou du moins, nécessaire). C'est une étape cruciale dans l'achat de votre propriété, un peu comme la cerise sur le gâteau de votre aventure immobilière.

II.   La TVA Immobilière en Belgique Expliquée Simplement

la TVA immobilière en Belgique ! C'est un peu comme ajouter du sel dans une recette : il en faut juste assez pour relever le goût, mais trop peut gâcher le plat. Voyons cela de manière simple et conviviale.

Imaginez que vous achetez une maison toute neuve en Belgique. Le prix affiché est comme le prix sur l'étiquette d'une belle veste en magasin. Mais tout comme vous payez la TVA sur vos vêtements, vous payez aussi 21% de TVA sur votre maison neuve. Oui, c'est un peu comme si votre veste coûtait soudainement un cinquième de plus à la caisse !

Maintenant, si vous êtes plutôt du genre bricoleur et que vous voulez rénover une vieille maison, les choses se corsent, mais dans le bon sens. Pour les maisons de plus de 10 ans, si vous engagez un pro pour les travaux, la TVA tombe à 6%. C'est un peu comme trouver une réduction surprise lors d'une vente spéciale – ça rend le projet de rénovation un peu plus doux pour votre porte-monnaie.

Pour les promoteurs qui construisent et vendent des maisons, la TVA est aussi de la partie. Ils doivent l'ajouter au prix de vente, un peu comme un chef ajoute des herbes dans un plat pour en rehausser la saveur.

En gros, que vous achetiez du neuf ou que vous rénoviez de l'ancien, la TVA est un ingrédient à ne pas oublier dans votre budget immobilier en Belgique. C'est comme calculer les ingrédients pour une recette : mieux vaut bien mesurer pour que tout soit parfait. Alors, gardez toujours un œil sur cette TVA, elle peut faire toute la différence dans vos calculs immobiliers !

III.   Les Lois de Location en Belgique : Un Guide Facile pour Bailleurs et Locataires

Pensez à la location comme à un jeu de société : il y a des règles pour que tout le monde s'amuse sans souci. En Belgique, ces règles définissent comment bailleurs et locataires doivent jouer le jeu de la location, en toute harmonie.

Les Baux : Les Règles du Jeu

Il existe différentes sortes de baux en Belgique – certains courts, d'autres plus longs. Chacun a ses propres règles sur la durée, la résiliation et l'entretien du bien. C'est un peu comme choisir entre un jeu rapide ou une longue partie stratégique.

La Garantie Locative : La Caution de Sécurité

La garantie locative, c'est comme une caution de sécurité. Elle est là au cas où quelque chose se passe mal, comme des dégâts dans l'appartement ou si le loyer n'est pas payé. En Belgique, il y a des règles strictes sur combien et comment cette garantie doit être gérée.

Augmentations de Loyer : Quand et Comment ?

Parler d'augmentation de loyer, c'est un peu délicat. En Belgique, il y a des règles précises pour cela. C'est un peu comme ajuster le volume de la musique : ça doit se faire dans certaines limites.

Droits et Devoirs : Les Joueurs et Leurs Rôles

Si vous êtes bailleur, vous avez des responsabilités comme maintenir le bien en bon état et respecter les termes du bail. C'est un peu comme être l'hôte d'une fête : vous voulez que vos invités (les locataires) passent un bon moment.

Pour les locataires, c'est important de payer le loyer à temps et de prendre soin de la propriété. C'est comme être un invité respectueux : vous ne voudriez pas gâcher la fête.

Dans cette section, on va rendre tout cela clair et facile à comprendre, que vous soyez bailleur ou locataire. Comprendre vos droits et devoirs, c'est la clé pour une bonne cohabitation dans le monde de la location en Belgique.

IV. Impôt sur les Revenus Locatifs : Simplifier Votre Déclaration en Belgique

Faciliter la Déclaration des Revenus Locatifs

Dans le monde de la location en Belgique, déclarer vos revenus locatifs, c'est un peu comme remplir un carnet de santé pour votre propriété. C'est important pour rester en règle et, avec quelques astuces, ça peut même être assez simple.

Déclarer, C'est Comme Raconter une Histoire

Quand vient le temps de déclarer vos revenus locatifs, pensez à cela comme raconter l'histoire de votre bien locatif à l'administration fiscale. Vous allez lister combien vous avez gagné en louant votre propriété. C'est un peu comme faire le bilan de l'année écoulée.

Optimisation Fiscale : Trouver les Bonnes Déductions

Optimiser votre fiscalité, c'est comme chercher des coupons de réduction avant de faire vos courses. Il y a plusieurs dépenses liées à votre propriété de location que vous pouvez déduire. Cela inclut les réparations, l'entretien et parfois même les intérêts sur votre prêt hypothécaire.

Conseils pour une Déclaration Sans Tracas

Gardez des Records : Comme garder toutes vos factures après avoir fait des achats importants, conservez une trace de toutes vos dépenses liées à la propriété.

Soyez Précis : Fournissez des informations précises et complètes. C'est un peu comme suivre une recette de cuisine à la lettre pour que le plat soit réussi.

Demandez de l'Aide si Nécessaire : Si vous n'êtes pas sûr, demandez l'aide d'un professionnel, comme un comptable. C'est comme demander un coup de main pour une recette compliquée.

Il est important de déclarer tous vos revenus locatifs pour éviter tout problème avec le fisc. C'est un peu comme respecter les règles du jeu pour ne pas être disqualifié.

Conclusion Partielle

En suivant ces conseils et en restant organisé, déclarer vos revenus locatifs peut devenir une routine simple et gérable. C'est une partie importante de votre aventure en tant que propriétaire bailleur en Belgique et, avec une bonne préparation, cela peut se dérouler sans accroc.

V. Avantages Fiscaux et Incitations

a) *Introduction avantage*

Dans le paysage immobilier belge, se familiariser avec les avantages fiscaux et les incitations peut être un vrai jeu d'enfant, une fois que vous connaissez les règles du jeu. C'est un peu comme apprendre à repérer les bonnes affaires lors d'une grande braderie. Ces petits coups de pouce fiscaux peuvent donner un élan considérable à votre investissement immobilier.

Commençons par les réductions et abattements. En Belgique, selon où vous achetez et votre situation, vous pourriez avoir droit à des réductions sur les droits d'enregistrement ou même des abattements fiscaux. C'est un peu comme trouver une réduction inattendue sur un article que vous convoitiez depuis longtemps.

Ensuite, si vous avez des projets de rénovation, gardez l'œil ouvert pour les crédits d'impôt, surtout ceux liés aux améliorations écoénergétiques. C'est un peu comme recevoir un bonus pour avoir choisi de rendre votre maison plus verte et plus durable.

Pour les premiers acheteurs, la Belgique peut offrir des avantages spécifiques pour faciliter votre premier pas dans le monde de la propriété. C'est un peu comme recevoir un coup de pouce pour démarrer dans une nouvelle aventure.

Et pour les investisseurs immobiliers, il y a des incitations spéciales, notamment si vous envisagez de louer votre propriété. Ces avantages peuvent varier, mais ils ont généralement pour but d'encourager l'investissement dans le logement locatif.

Pour vraiment profiter de ces avantages, restez bien informé et planifiez judicieusement. Parfois, il peut être judicieux de demander conseil à un expert fiscal. C'est un peu comme demander à un guide expérimenté de vous montrer le chemin lors d'une randonnée compliquée.

En résumé, se plonger dans les avantages fiscaux et les incitations en Belgique peut grandement enrichir votre expérience d'investissement immobilier. C'est une opportunité de non seulement économiser de l'argent, mais aussi de contribuer à des objectifs plus vastes comme la durabilité. Avec les bonnes informations en main, vous pouvez transformer ces incitations fiscales en véritables atouts pour vos projets immobiliers.

b) *Quand et Pourquoi Envisager une Structure d'Investissement*

En Belgique, quand il s'agit d'investir dans l'immobilier, choisir entre une société, une SPRL ou une holding immobilière est une décision importante. C'est un peu comme choisir entre différents types de véhicules pour un long voyage : chacun a ses avantages et convient à différentes situations.

Une société ou une SPRL, c'est comme créer une équipe dédiée à gérer vos investissements immobiliers. Ces structures offrent des avantages fiscaux intéressants, comme des taux d'imposition des sociétés favorables sur les revenus locatifs et la possibilité de déduire certaines dépenses. Elles apportent aussi une protection en limitant votre responsabilité personnelle, un peu comme une clôture de sécurité autour de votre jardin personnel.

Les holdings immobilières sont une autre option. Imaginez une holding comme un grand coffre-fort où vous pouvez garder tous vos investissements immobiliers. Elles sont particulièrement utiles pour optimiser les taxes sur les plus-values et pour une gestion efficace de plusieurs propriétés.

La question de savoir quand se mettre en société dépend de plusieurs facteurs. Généralement, lorsque vous possédez plusieurs propriétés, la création d'une société peut commencer à être avantageuse. C'est un peu comme passer d'un hobby à une entreprise professionnelle. L'idéal est de consulter un expert en fiscalité ou en droit des sociétés pour évaluer si cette option est la meilleure pour vous, un peu comme demander conseil à un expert avant de prendre une grande décision financière.

En résumé, choisir la structure appropriée pour vos investissements immobiliers en Belgique peut grandement influencer l'efficacité et la rentabilité de vos opérations. Comme pour tout grand projet, une bonne planification et des conseils avisés sont essentiels pour naviguer dans ce domaine avec succès.

VI. Subventions et Aides Gouvernementales pour l'Immobilier en Belgique

Explorer les Opportunités d'Aide à l'Achat et aux Travaux

Dans le domaine de l'immobilier en Belgique, il existe diverses subventions et aides gouvernementales conçues pour soutenir les acheteurs et les propriétaires dans leurs projets d'achat et d'aménagement. Ces aides peuvent prendre plusieurs formes et varient souvent selon la région et le type de projet.

a) *Aides à l'Achat pour les Premiers Acheteurs*

Le gouvernement belge propose souvent des aides pour les premiers acheteurs, qui peuvent inclure des réductions sur les droits d'enregistrement ou des avantages fiscaux spécifiques. C'est un peu comme un coup de pouce pour vous aider à franchir la porte de votre première maison.

b) *Subventions pour les Travaux d'Aménagement et de Rénovation*

Pour encourager la rénovation et l'amélioration des logements, des subventions peuvent être disponibles pour des travaux spécifiques, tels que l'isolation thermique, l'installation de systèmes énergétiques durables ou la rénovation de bâtiments anciens.

Ces aides sont souvent conçues pour promouvoir l'efficacité énergétique et peuvent varier selon la région : Flandre, Wallonie ou Bruxelles-Capitale.

c) *Primes Énergétiques*

Dans le cadre de la transition vers une économie plus verte, des primes peuvent être accordées pour des améliorations énergétiques telles que l'installation de panneaux solaires, de pompes à chaleur, ou d'autres technologies écoénergétiques.

d) *Aides Spécifiques par Région*

Chaque région belge a ses propres programmes et critères d'éligibilité. Il est donc important de se renseigner auprès des autorités locales ou régionales pour connaître les aides disponibles.

Conseils pour Bénéficier des Aides

Renseignez-vous : Les conditions et les disponibilités des aides changent régulièrement. Il est donc essentiel de se tenir informé des dernières opportunités et des critères d'éligibilité.

Préparez votre Dossier : Lorsque vous postulez pour une aide ou une subvention, assurez-vous d'avoir tous les documents nécessaires et de respecter les directives de demande.

Consultez des Experts : Des professionnels tels que des conseillers en énergie ou des experts en rénovation peuvent vous aider à naviguer dans ces programmes et à maximiser vos chances d'obtenir des subventions.

Conclusion Partielle

Les subventions et aides gouvernementales en Belgique peuvent représenter une ressource précieuse pour les acheteurs de maison et les propriétaires. Que ce soit pour faciliter l'achat de votre première maison ou pour soutenir vos projets de rénovation, ces aides peuvent alléger considérablement votre charge financière. Bien s'informer et se préparer est la clé pour tirer le meilleur parti de ces opportunités.

6. Processus de l'Achat Immobilier en Belgique

I. Introduction

L'achat d'une propriété en Belgique peut être comparé à un parcours d'obstacles : il y a plusieurs étapes à franchir, mais avec un bon guide, vous pouvez atteindre la ligne d'arrivée avec succès et satisfaction. Cette section va vous éclairer sur les différentes phases du processus d'achat, de la recherche initiale à la signature finale, en passant par les négociations et le financement.

II. Recherche et Sélection de la Propriété

Lorsque vous vous lancez dans l'investissement immobilier, la première étape cruciale est de définir clairement vos critères de sélection. Cela revient à établir votre liste de courses avant de vous rendre au supermarché, mais dans le contexte de l'immobilier. Vous devez savoir précisément ce que vous cherchez : quel type de propriété vous intéresse ? Cherchez-vous un appartement, une maison, un immeuble de rapport, ou peut-être un bien commercial ? Chaque type a ses propres avantages et inconvénients, et votre choix devrait être aligné avec vos objectifs d'investissement à long terme.

La localisation est un autre critère fondamental. En Belgique, le marché immobilier varie considérablement d'une région à l'autre. La valeur d'une propriété en Flandre peut être très différente de celle d'une propriété similaire en Wallonie ou à Bruxelles. Vous devez donc effectuer des recherches approfondies sur les différentes régions, en tenant compte des tendances démographiques, des projets de développement local, et de la demande locative.

Votre budget est le troisième pilier de votre recherche. Il est essentiel de rester réaliste quant à ce que vous pouvez vous permettre, tout en prenant en considération les frais supplémentaires qui ne manqueront pas de se présenter, comme les frais de notaire, les coûts de rénovation éventuels, et les impôts fonciers.

Une fois que vous avez défini ces critères, il est temps de passer à la recherche active de propriétés. Les plateformes en ligne sont un excellent point de départ, offrant un large éventail d'options et la possibilité de filtrer les recherches selon vos critères spécifiques. Cependant, ne sous-estimez pas la valeur d'une approche plus personnelle. Travailler avec des agences immobilières locales peut vous donner accès à des offres exclusives et à des conseils experts spécifiques au marché belge. De plus, n'oubliez pas de mobiliser votre réseau personnel. Parfois, les meilleures opportunités viennent de connaissances ou de contacts professionnels.

En résumé, la sélection des bonnes propriétés en Belgique nécessite une planification minutieuse, une compréhension claire de vos propres besoins et objectifs, et une approche diversifiée dans la recherche de propriétés. En restant méthodique et bien informé, vous maximiserez vos chances de trouver des propriétés qui non seulement correspondent à vos critères, mais offrent également un potentiel de croissance et de rentabilité.

III.   Visites et Évaluation et négociation

La phase de visites et d'évaluation est un aspect crucial de l'investissement immobilier. Comme pour l'achat d'une paire de chaussures, il est essentiel de 'essayer' plusieurs propriétés avant de trouver celle qui correspond parfaitement à vos besoins et attentes. Chaque visite est une occasion d'apprendre, de découvrir ce que le marché a à offrir et de mieux comprendre vos propres préférences.

Lors de ces visites, gardez l'esprit ouvert, surtout face à des biens qui peuvent sembler peu attrayants au premier abord. Un bien un peu négligé ou sale ne devrait pas être immédiatement écarté. Parfois, ces propriétés cachent de véritables opportunités. Une maison qui nécessite un bon nettoyage ou quelques travaux peut se révéler être une 'mine d'or', surtout si elle est située dans un quartier recherché ou possède d'autres atouts. Ces biens sont souvent sous-évalués et peuvent offrir une marge de négociation plus importante, vous permettant d'acquérir une propriété à un prix inférieur à sa valeur réelle après rénovation.

Il est également conseillé de faire évaluer la propriété par un expert. Cette évaluation professionnelle est cruciale pour s'assurer de l'état réel de la propriété et de sa valeur sur le marché. Un expert pourra identifier des problèmes potentiels que vous n'auriez peut-être pas remarqués, comme des problèmes de structure, des défaillances dans les systèmes électriques ou de plomberie, ou d'autres défauts qui pourraient influencer votre décision ou votre offre.

Enfin, la négociation est une étape incontournable. Ne prenez jamais le prix demandé comme un fait établi. Même si une propriété semble être une bonne affaire, il y a toujours une marge pour négocier. Utilisez les informations recueillies lors de vos visites et de l'évaluation pour soutenir votre proposition de prix. Que ce soit pour des rénovations nécessaires, pour des défauts constatés, ou simplement parce que vous avez une bonne compréhension du marché, une négociation bien menée peut vous faire économiser une somme considérable et augmenter le potentiel de rentabilité de votre investissement.

En somme, la visite et l'évaluation des biens immobiliers sont des étapes où observation minutieuse, ouverture d'esprit et compétences en négociation se conjuguent pour identifier et sécuriser les meilleures opportunités d'investissement.

IV.   Signature du Compromis de Vente

La signature du compromis de vente est un jalon essentiel dans le processus d'achat d'une propriété. Ce document, souvent perçu comme une simple formalité, est en réalité une étape juridiquement significative qui établit un accord contraignant entre l'acheteur et le vendeur.

a) *Nature et Importance du Compromis de Vente*

Le compromis de vente est comparable à une promesse solennelle entre les deux parties. Il stipule que l'acheteur s'engage à acheter et le vendeur à vendre la propriété à des conditions convenues. Cet accord contient tous les détails essentiels de la transaction : description de la propriété, prix d'achat, délais de réalisation, conditions suspensives (comme l'obtention d'un prêt immobilier), et autres clauses spécifiques.

b) *Contenu du Compromis*

Il est crucial que le compromis de vente soit complet et précis. Il doit inclure les identités des parties, une description détaillée de la propriété (adresse, superficie, numéro de cadastre), le prix convenu, les modalités de paiement, et les éventuelles conditions suspensives. Des clauses supplémentaires peuvent être ajoutées pour couvrir des situations spécifiques, comme une clause de visite post-vente ou des ajustements en cas de découvertes inattendues lors de la vente.

c) *Rôle des Conditions Suspensives*

Dans le processus d'achat d'une propriété en Belgique, comprendre le rôle des conditions suspensives est essentiel. Ces conditions fonctionnent comme des clauses de sécurité dans votre contrat d'achat, assurant que certains critères essentiels soient remplis avant que la vente ne devienne définitive. Elles sont un peu comme des garde-fous qui protègent vos intérêts en tant qu'acheteur.

Prenons l'exemple d'un funambule. Avant de se lancer sur son fil, il veut être sûr que le filet de sécurité est bien en place. De même, les conditions suspensives dans un contrat immobilier sont vos filets de sécurité. La plus courante est sans doute la condition liée à l'obtention du financement. Cela signifie que l'achat ne se concrétisera que si vous obtenez l'approbation pour votre prêt hypothécaire. C'est une protection essentielle : elle vous évite de vous engager dans une transaction que vous ne pourriez pas financer.

Autre exemple fréquent : une condition suspensive liée à l'inspection de la propriété. Ici, la vente dépend des résultats d'une inspection professionnelle. Si des problèmes majeurs sont détectés (comme des problèmes de structure ou des soucis d'humidité), vous avez la liberté de renégocier le prix de vente ou même de vous retirer de l'achat. C'est comme avoir une clause de rétractation si les choses ne se passent pas comme prévu.

Les conditions suspensives doivent être clairement formulées dans le compromis de vente. Il est crucial de les définir précisément, avec des délais et des critères spécifiques. C'est un peu comme fixer les règles d'un jeu avant de commencer à jouer : tout le monde sait à quoi s'attendre et comment agir si la situation change.

En pratique, veillez à discuter de ces conditions avec votre agent immobilier ou votre notaire. Ils peuvent vous aider à comprendre quels types de conditions suspensives pourraient être appropriées pour votre situation et comment les formuler de manière efficace. C'est un peu comme demander conseil à un expert avant de faire un choix important.

En résumé, les conditions suspensives sont une composante essentielle du processus d'achat immobilier en Belgique. Elles offrent une protection et une flexibilité, vous permettant d'avancer dans votre achat avec plus de confiance et de sécurité. En les comprenant et en les utilisant à bon escient, vous pouvez naviguer dans le processus d'achat de manière plus informée et sereine.

d) *Conséquences Juridiques*

Une fois signé, le compromis de vente a une valeur juridique forte. Il engage les deux parties à procéder à la vente selon les termes établis. En cas de désistement de l'une des parties sans motif valable inscrit dans les conditions suspensives, des pénalités peuvent être appliquées.

e) *Délai de Rétractation et Versement du Dépôt*

En Belgique, comme dans de nombreux pays, l'acheteur bénéficie d'un délai de rétractation après la signature du compromis. Cela lui permet de renoncer à l'achat sans pénalité pendant ce délai. Habituellement, un dépôt (généralement un pourcentage du prix d'achat) est également versé pour confirmer l'engagement de l'acheteur.

f) *Préparation à la Signature*

Avant la signature, il est fortement conseillé de faire examiner le document par un notaire ou un avocat spécialisé en droit immobilier. Ils peuvent s'assurer que le compromis protège vos intérêts et qu'il ne contient pas de clauses défavorables ou ambiguës.

En résumé, la signature du compromis de vente est une étape cruciale qui nécessite attention et précaution. C'est une promesse mutuelle d'engagement qui pose les bases juridiques de la transaction immobilière et qui nécessite une compréhension claire de ses implications et conditions.

V.   Obtention du Financement

L'obtention du financement pour votre achat immobilier représente une étape décisive, comparable à obtenir le feu vert pour démarrer une nouvelle aventure passionnante. C'est dans cette phase que vous concrétisez les arrangements financiers nécessaires pour rendre l'achat possible.

a) _Finalisation du Prêt Hypothécaire_

La plupart des acheteurs immobilier recourent à un prêt hypothécaire pour financer leur achat. Finaliser ce prêt est un processus en plusieurs étapes, débutant souvent bien avant la signature du compromis de vente. Vous aurez déjà probablement obtenu une pré-approbation de la part d'une banque ou d'un organisme de crédit, mais c'est maintenant le moment de transformer cette pré-approbation en un prêt effectif.

b) _Rassemblement des Fonds_

En plus du prêt hypothécaire, vous devrez peut-être rassembler des fonds supplémentaires pour couvrir l'apport personnel, les frais de notaire, les taxes et autres dépenses liées à l'achat. Cette étape peut impliquer la mobilisation de vos économies personnelles, des investissements, ou peut-être même une aide de la famille ou des amis.

c) *Vérification des Conditions du Prêt*

Il est crucial de bien comprendre les termes de votre prêt hypothécaire. Cela inclut le taux d'intérêt, la durée du prêt, les frais de dossier, et les conditions de remboursement anticipé. Assurez-vous également de bien comprendre les implications en cas de retard de paiement ou de défaut.

d) *Assurance et Garanties*

Les prêteurs exigeront généralement que vous souscriviez à une assurance hypothécaire ou une assurance-vie liée au prêt. Cette assurance protège le prêteur en cas de défaut de paiement. Il peut aussi être nécessaire de fournir d'autres garanties, telles qu'une hypothèque sur la propriété.

e) *Finalisation avec le Notaire*

Une fois que le financement est en place, votre notaire jouera un rôle clé dans la finalisation de la transaction. Il organisera le transfert des fonds du prêt de la banque vers le vendeur et s'assurera que toutes les formalités légales sont respectées.

En somme, l'obtention du financement est une phase complexe mais essentielle. Elle nécessite une planification minutieuse, une compréhension claire des différentes composantes financières impliquées, et une bonne communication avec votre banque, votre notaire et éventuellement votre conseiller financier. Bien gérée, cette étape vous mettra sur la voie d'une transaction immobilière réussie et du début de votre aventure en tant que propriétaire.

VI.   Acte de Vente et Transfert de Propriété

La signature de l'acte de vente chez le notaire marque l'aboutissement de votre parcours d'achat immobilier. C'est une étape à la fois formelle et symbolique, où l'achat devient officiel et où vous, en tant qu'acheteur, recevez les clés et devenez officiellement le nouveau propriétaire de la propriété. Cette étape est la concrétisation tangible de tous vos efforts, recherches, négociations et planifications.

a) _La Préparation de l'Acte de Vente_

Avant la signature, le notaire prépare l'acte de vente, un document juridique qui scelle l'accord entre vous et le vendeur. Cet acte reprend les termes du compromis de vente, mais avec un degré de détail et une formalité juridique supplémentaires. Il est essentiel de relire attentivement cet acte avant le jour de la signature pour s'assurer que toutes les informations sont correctes et conformes à l'accord.

b) *Le Jour de la Signature*

Le jour de la signature de l'acte de vente est souvent un moment chargé d'émotion. Vous vous rendez chez le notaire, souvent accompagné du vendeur, pour apposer votre signature sur le document. À ce moment, le notaire procède également au transfert des fonds du prêt de votre banque au vendeur. Dès que l'acte est signé et que les fonds sont transférés, la propriété de la maison passe officiellement entre vos mains.

c) *Enregistrement et Formalités Administratives*

Après la signature, il y a encore quelques étapes administratives à suivre. L'acte de vente doit être enregistré, ce qui est généralement pris en charge par le notaire. Cet enregistrement est crucial, car il officialise le changement de propriétaire dans les registres publics et sert de protection juridique contre les revendications de tiers.

En Belgique, l'enregistrement de l'acte de vente est également associé à des frais d'enregistrement, qui varient selon la région (Flandre, Wallonie, Bruxelles). Ces frais, ainsi que les honoraires du notaire et d'autres taxes, doivent être réglés à ce stade.

d) _Transfert des Utilités et Assurance_

En tant que nouveau propriétaire, vous devrez également vous occuper du transfert des comptes d'utilités (eau, gaz, électricité) à votre nom et veiller à souscrire une assurance habitation. Ces démarches, bien que moins formelles, sont tout aussi importantes pour garantir une transition en douceur vers votre nouvelle propriété.

e) _Le Moment de Célébration_

Enfin, une fois toutes ces étapes complétées, il est temps de célébrer. Prendre possession de votre nouvelle propriété est un accomplissement majeur, un moment où vous pouvez ressentir une fierté légitime pour le chemin parcouru. C'est aussi le début d'un nouveau chapitre, que ce soit en tant que résidence personnelle ou comme investissement immobilier.

7. <u>Gestion de Propriété</u>

La gestion d'une propriété locative est un élément crucial de l'investissement immobilier. Une gestion efficace peut non seulement augmenter la valeur de votre investissement, mais aussi assurer une expérience positive tant pour le propriétaire que pour les locataires. Voici les aspects fondamentaux de la gestion locative que vous devez connaître.

I.   Préparation de la Propriété à la Location

Lorsque vous vous apprêtez à mettre une propriété en location, l'objectif est de créer un espace qui soit à la fois accueillant pour les locataires et profitable pour vous. C'est un peu comme orchestrer une pièce de théâtre : chaque détail compte pour assurer le succès du spectacle.

La première étape est d'évaluer le type de bien que vous avez et le marché locatif que vous visez. Si vous possédez un appartement de standing, vous devrez peut-être investir davantage pour répondre aux attentes élevées des locataires potentiels. En revanche, pour une petite maison de quartier qui attirera principalement des locataires de courte durée, il est préférable de se concentrer sur des améliorations pratiques et économiques.

Lorsqu'il s'agit de travaux et d'aménagements, l'astuce est de trouver l'équilibre parfait entre économie et qualité. Par exemple, plutôt que d'opter pour du parquet coûteux dans toute la maison, vous pourriez envisager de l'OSB couvert d'un balatum. Cette solution peut être à la fois attrayante et abordable, ce qui est essentiel pour maintenir la rentabilité de votre location.

Considérez les améliorations qui augmenteront la valeur perçue de votre propriété sans vous ruiner. Un coup de peinture fraîche, des rideaux élégants ou un nouvel éclairage peuvent transformer radicalement l'apparence d'une pièce sans nécessiter un gros budget. La fonctionnalité est également cruciale : assurez-vous que toutes les installations essentielles, comme la plomberie, le chauffage et l'électricité, sont en bon état de fonctionnement.

Pensez également à rationaliser vos coûts. Revaloriser des meubles existants ou choisir des matériaux durables mais économiques peut vous aider à rester dans votre budget tout en offrant un espace de vie attrayant. Par exemple, les sols en vinyle peuvent être une alternative avantageuse au bois, offrant un aspect esthétique à moindre coût.

Lorsque vous décidez des améliorations à apporter, priorisez les espaces qui comptent le plus, comme la cuisine et la salle de bain. Ces pièces sont souvent des facteurs décisifs pour les locataires. De plus, ne négligez pas l'extérieur : une façade propre et un jardin bien entretenu peuvent grandement améliorer l'attrait de votre propriété.

Enfin, avant de mettre votre bien sur le marché, investissez dans un nettoyage professionnel pour que la propriété soit impeccable. Si possible, envisagez de meubler et de décorer légèrement l'espace pour les visites, aidant ainsi les locataires potentiels à se projeter dans le lieu.

En résumé, préparer votre propriété pour la location ne requiert pas forcément des dépenses excessives. L'important est de se concentrer sur des améliorations judicieuses qui augmentent la fonctionnalité et l'attrait de votre bien tout en veillant à la rentabilité de votre investissement. Avec une planification soignée et une touche de créativité, vous pouvez transformer n'importe quel espace en un lieu de vie accueillant et rentable pour vos futurs locataires.

II. Fixation du Loyer

Déterminer le bon montant de loyer est un équilibre entre obtenir un bon rendement de votre investissement et rester compétitif sur le marché. Pour fixer un loyer approprié, étudiez le marché local, considérez les caractéristiques de votre propriété et tenez compte des prix des locations similaires dans la région.

III. Trouver et Sélectionner les Locataires

La sélection des locataires est une étape cruciale dans la gestion de votre propriété de location, comparable à choisir les bons acteurs pour une pièce de théâtre. Un bon choix de locataire peut conduire à une expérience de location harmonieuse, tandis qu'une mauvaise sélection peut entraîner de nombreux défis. Voici comment vous pouvez aborder cette étape avec la diligence et l'attention nécessaires.

Commencez par établir des critères de sélection clairs. Déterminez ce qui est le plus important pour vous : capacité de payer le loyer à temps, historique de location stable, bon crédit. Cela agira comme un guide pour filtrer les candidats et vous aidera à savoir exactement ce que vous recherchez.

Lorsque vous mettez votre bien en location, soyez précis dans votre annonce sur les attentes et les exigences. Cela attire les candidats qui correspondent à vos critères. Pendant les premières interactions, posez des questions basiques pour évaluer rapidement si le candidat est approprié. C'est un peu comme une audition préliminaire avant de passer aux étapes plus détaillées.

Demandez ensuite aux candidats de remplir un formulaire de demande complet. Ce formulaire devrait inclure des références, des preuves de revenus, et un extrait de leur historique de crédit. Cela vous donne une image complète de leur fiabilité et de leur capacité à gérer les responsabilités liées à la location.

La vérification des références et du crédit est cruciale. Prenez le temps de contacter les anciens bailleurs et les employeurs des candidats pour confirmer les informations fournies. La vérification du crédit vous donne un aperçu du passé financier du candidat et de sa capacité à gérer ses finances, ce qui est un indicateur clé de sa capacité à payer le loyer régulièrement.

Rencontrez les candidats en personne. Cette rencontre vous donne l'occasion d'évaluer leur comportement et leur sérieux. C'est également l'occasion pour eux de poser des questions et de voir la propriété. Votre intuition lors de cette rencontre peut souvent vous donner des indications précieuses sur la fiabilité d'un locataire.

Enfin, il est essentiel de respecter les lois et les réglementations en matière de discrimination dans la location. Assurez-vous que votre processus de sélection est juste, éthique et conforme à la législation locale.

En somme, sélectionner un locataire est un processus qui nécessite une attention particulière. En suivant ces étapes, vous augmenterez vos chances de trouver des locataires fiables et responsables, ce qui est essentiel pour assurer la rentabilité et la sérénité de votre investissement locatif.

IV.   Rédaction et Gestion du Bail

a) *Naviguer dans les Détails du Contrat de Location*

La rédaction et la gestion d'un bail de location en Belgique sont des éléments cruciaux pour une expérience locative réussie, un peu comme suivre une recette pour un plat délicieux. Un bail bien conçu et géré assure une relation claire et équitable entre le bailleur et le locataire, et aide à prévenir les malentendus et les litiges.

b) *Les Fondamentaux d'un Bon Bail*

Clarté et Complétude : Un bail doit couvrir tous les aspects essentiels de la location, y compris le montant du loyer, la durée du bail, les responsabilités du locataire et du bailleur, et les conditions de résiliation. C'est comme avoir un mode d'emploi clair pour votre relation locative.

Conformité Légale : Assurez-vous que votre bail respecte toutes les lois et réglementations en vigueur en Belgique. Cela inclut les règles sur les baux de résidence principale, les baux commerciaux, ou autres types de location.

c) *Éléments à Inclure dans le Bail*

Détails de la Propriété : Décrivez précisément le bien en location, y compris son adresse, sa superficie et ses équipements.

Termes Financiers : Spécifiez le montant du loyer, les charges incluses ou non, la fréquence des paiements, et les modalités de révision du loyer.

Dépôt de Garantie : Mentionnez le montant de la garantie locative, les conditions de son dépôt et de sa restitution.

Entretien et Réparations : Distinguez clairement les responsabilités d'entretien du locataire et du bailleur.

Règles et Restrictions : Si nécessaire, incluez des règles spécifiques concernant les animaux domestiques, le bruit, ou l'utilisation des espaces communs.

d) _Gestion du Bail au Quotidien_

Communication Efficace : Maintenez une communication ouverte et transparente avec votre locataire. Cela aide à résoudre rapidement les problèmes et à maintenir une bonne relation.

Suivi des Paiements : Tenez un registre précis des paiements de loyer et des autres frais. C'est comme tenir les comptes de votre entreprise.

Révisions et Mises à Jour : Soyez attentif aux éventuelles modifications légales qui pourraient affecter votre bail et adaptez-le en conséquence.

e) _En Cas de Litige_

Prévention : La meilleure façon de gérer les litiges est de les prévenir. Un bail clair et une bonne communication sont vos meilleurs alliés.

Résolution des Problèmes : En cas de désaccord, essayez de trouver une solution à l'amiable. Si cela échoue, vous pouvez faire appel à une médiation ou à des conseils juridiques.

f) <u>*Éléments Clés d'un Bail de Location Longue Durée pour une Maison*</u>

Identification des Parties

Le nom complet et les coordonnées du bailleur (propriétaire) et du locataire.

Description du Bien

Adresse complète de la maison.

Description détaillée de la propriété (nombre de chambres, salle de bain, cuisine, espaces extérieurs, etc.).

Durée du Bail

Date de début et de fin du bail.

Durée du bail (souvent 9 ans en Belgique pour un bail résidentiel standard).

Montant et Modalités du Loyer

Montant du loyer mensuel.

Modalités de paiement (à quelle date du mois, à quel compte bancaire, etc.).

Conditions et fréquence des ajustements du loyer (indexation annuelle, par exemple).

Dépôt de Garantie

Montant du dépôt de garantie (souvent équivalent à 2-3 mois de loyer).

Modalités de dépôt et de restitution.

Obligations du Locataire

Entretien courant et petites réparations à la charge du locataire.

Conditions d'usage de la propriété (par exemple, interdiction de sous-location sans accord, usage résidentiel uniquement, etc.).

Obligations du Bailleur

Responsabilités du bailleur pour les réparations majeures et l'entretien du bien.

Assurance du bâtiment et autres obligations légales.

Conditions de Résiliation

Procédures à suivre pour une résiliation anticipée du bail par l'une ou l'autre des parties.

Clause de Visite

Droit pour le bailleur de visiter la propriété à des fins d'inspection ou de réparation, en respectant les règles de préavis.

Signature des Parties

Signatures du bailleur et du locataire avec la date.

V.   Gestion Quotidienne et Entretien

Une fois que les locataires sont installés, la gestion quotidienne de la propriété commence. Cela comprend la gestion des paiements de loyer, la réponse aux demandes d'entretien et la résolution des problèmes éventuels. Une approche proactive de l'entretien peut aider à prévenir des problèmes plus importants à l'avenir.

a) *Gestion des Problèmes de Location*

Il est important d'être préparé à gérer divers problèmes de location, tels que les retards de paiement, les conflits avec les locataires ou les dommages à la propriété. Avoir une politique claire et des procédures pour ces situations peut aider à les résoudre rapidement et efficacement.

Lorsque vous entamez le processus de sélection d'un locataire pour votre propriété, plusieurs mesures de précaution sont essentielles pour assurer une expérience locative sécurisée et rentable. Il est crucial de mettre en place des pratiques rigoureuses dès le départ pour éviter les problèmes potentiels.

Sélection Rigoureuse du Locataire : Éviter les Pièges Communs

D'abord et avant tout, ne remettez jamais les clés de votre propriété avant d'avoir reçu la caution. Certains locataires peuvent profiter de cette opportunité pour occuper les lieux sans jamais payer la caution, ce qui peut entraîner des complications difficiles à résoudre par la suite. C'est un peu comme ne pas donner le feu vert à une voiture avant d'être sûr que tous les passagers ont bouclé leur ceinture.

Ensuite, soyez vigilant quant aux documents que les locataires fournissent. Malheureusement, il existe des cas où ces documents peuvent être falsifiés. Il est donc important de les examiner attentivement. Demander l'ancien bail et le numéro de téléphone du précédent propriétaire peut vous donner une meilleure idée de l'historique du locataire. C'est comme faire une petite enquête pour vous assurer que vous avez toutes les informations nécessaires avant de prendre une décision.

Dans certains cas, obtenir des informations supplémentaires par le biais de contacts professionnels, comme un ami huissier, peut être utile. Bien que cette pratique doive être menée avec discrétion et dans le respect de la légalité, elle peut parfois fournir des informations précieuses sur les antécédents financiers d'un candidat.

Demander une preuve de non-inscription à la Banque Nationale en tant que mauvais payeur est également une étape judicieuse. Cela peut vous aider à identifier les candidats ayant un historique de problèmes financiers et à éviter les risques potentiels de non-paiement.

Une fois le locataire choisi, la gestion de la location devient une tâche continue qui nécessite attention et organisation. Gardez des registres précis des paiements, maintenez une communication claire et ouverte avec votre locataire et réagissez rapidement aux problèmes ou aux demandes de maintenance. En établissant une relation de respect mutuel et en ayant des procédures claires, vous pouvez garantir une expérience locative positive tant pour vous que pour votre locataire.

En résumé, la sélection et la gestion d'un locataire nécessitent une approche méthodique et prudente. En étant vigilant dès le début du processus de sélection et en maintenant des pratiques de gestion locative efficaces, vous pouvez protéger votre investissement et vous assurer une expérience locative harmonieuse.

b) *Conformité Légale et Fiscale*

En tant que propriétaire d'une propriété locative, il est essentiel de naviguer avec attention dans l'univers des réglementations légales et fiscales. Cette conformité est cruciale non seulement pour rester dans le cadre de la loi, mais aussi pour assurer une gestion saine et éthique de votre propriété. Pensez à cela comme à respecter les règles d'un jeu complexe, où chaque mouvement doit être bien calculé et conforme.

Déclaration des Revenus Locatifs

Votre premier devoir en tant que propriétaire est de déclarer correctement vos revenus locatifs. C'est un peu comme remplir une feuille de score dans un jeu : chaque entrée doit être précise et vérifiable. En Belgique, les revenus locatifs doivent être inclus dans votre déclaration de revenus annuelle. Veillez à tenir des registres détaillés de tous les revenus perçus et des dépenses associées à la propriété, car ils peuvent influencer votre situation fiscale globale.

Respect des Normes de Sécurité et de Santé

Ensuite, il est crucial de veiller à ce que votre propriété respecte toutes les normes de sécurité et de santé en vigueur. Cela inclut, mais n'est pas limité à, des systèmes électriques et de chauffage sûr, des voies d'évacuation claires et des dispositifs de détection de fumée fonctionnels. Considérez cela comme l'entretien essentiel de votre propriété, garantissant non seulement la sécurité de vos locataires mais aussi la pérennité de votre investissement.

Adhésion à la Législation sur les Locations

La législation belge sur les locations couvre une variété de domaines, allant des conditions de bail à la gestion des dépôts de garantie et des augmentations de loyer. Être au fait de ces lois est crucial. Cela peut être comparé à connaître les règles d'un jeu complexe : vous devez savoir comment chaque pièce se déplace pour jouer efficacement.

En outre, il est sage de rester informé des changements potentiels dans la législation qui pourraient affecter vos droits et responsabilités en tant que propriétaire. C'est un peu comme rester à jour avec les dernières règles d'un jeu en constante évolution.

Consultation d'Experts

Face à la complexité de ces réglementations, consulter des experts tels que des comptables, des avocats spécialisés en immobilier ou des gestionnaires de propriété peut être extrêmement bénéfique. Ces professionnels peuvent vous aider à naviguer dans le labyrinthe des lois et des règles fiscales, assurant que vous restez en conformité tout en optimisant votre investissement.

En conclusion, la conformité légale et fiscale en tant que propriétaire de biens locatifs en Belgique est une tâche exigeante mais essentielle. En prenant ces responsabilités au sérieux et en vous équipant des connaissances et des ressources nécessaires, vous pouvez vous assurer que votre voyage dans le monde de la location immobilière est à la fois conforme, rentable et sans tracas.

8. <u>Conclusion</u>

Tout au long de ce livre, nous avons navigué ensemble à travers les diverses facettes de l'investissement immobilier en Belgique, une aventure aussi enrichissante qu'exigeante. Comme vous l'avez découvert, posséder et gérer une propriété locative n'est pas seulement une question d'achat et de vente ; c'est une exploration continue, un processus dynamique qui nécessite perspicacité, planification et adaptation.

Un bien immobilier représente un actif à la fois stable et évolutif. Il est important de se rappeler que posséder une maison ou un appartement n'est pas un point final ; c'est souvent un jalon dans un parcours financier plus vaste. Que vous choisissiez de vendre pour investir dans une nouvelle opportunité, ou que vous décidiez de conserver votre bien pour profiter de revenus locatifs stables, chaque décision doit être prise en considérant attentivement les coûts associés, comme les frais de notaire et les dépenses de rénovation.

Le choix de vendre une propriété ou de la garder peut dépendre de nombreux facteurs, y compris les tendances du marché, vos objectifs personnels et votre situation financière. Parfois, il est judicieux de garder un bien pendant plusieurs années, permettant ainsi à votre investissement de gagner en valeur et de servir de garantie pour de futurs projets. Cette stratégie peut transformer votre propriété en un véritable tremplin, offrant des opportunités de croissance et de développement futurs.

Je tiens à vous remercier chaleureusement d'avoir pris le temps de vous immerger dans ce livre. Votre intérêt pour l'immobilier, que ce soit par passion ou en quête d'opportunités d'investissement, est un pas important vers la réalisation de vos ambitions. L'immobilier, en tant que domaine, offre une multitude de chemins et d'opportunités, et votre engagement dans l'apprentissage et la compréhension de ses subtilités vous préparera au succès.

Alors que nous concluons ce livre, souvenez-vous que chaque propriété a son propre potentiel et chaque décision que vous prenez peut ouvrir la porte à de nouvelles possibilités. Que ce soit pour bâtir un patrimoine, générer des revenus locatifs, ou simplement pour le plaisir de rénover et de transformer un espace, l'immobilier en Belgique offre un terrain fertile pour ceux qui sont prêts à s'investir.

Je vous souhaite bonne chance et beaucoup de succès dans vos aventures immobilières. Puissiez-vous trouver satisfaction et prospérité dans chacun de vos investissements. Au revoir, et souvenez-vous : le monde de l'immobilier est vaste et plein de possibilités, n'ayez pas peur de le découvrir et d'y trouver votre place.

INVESTISSEMENT IMMOBILIER EN BELGIQUE

LES CLÉS POUR ACCÉDER À LA RICHESSE

JULIEN MORGAN